Contents

Section 1   Achievement chart

Colour the box for each question you got right.

Name:		1	2	3	4	5	6	7	8	9	10
Session 1	Part A										
	Part B										
	Part C										
Session 2	Part A										
	Part B										
	Part C										
Session 3	Part A										
	Part B										
	Part C										
Session 4	Part A										
	Part B										
	Part C										
Session 5	Part A										
	Part B										
	Part C										
Session 6	Part A										
	Part B										
	Part C										
Session 7	Part A										
	Part B										
	Part C										
Session 8	Part A										
	Part B										
	Part C										
Session 9	Part A										
	Part B										
	Part C										
Session 10	Part A										
	Part B										
	Part C										
Check-up 1		1	2	3	4	5	6	7	8	9	10
		11	12	13	14	15	16	17	18	19	20
		21	22	23	24	25	26	27	28	29	30

Section 1   Session 1

A

		ANSWER
1	Write seventeen as a number.	
2	Write twelve as a number.	
3	**10 20 30**	
4	**20 25 30**	
5	**12 14 16**	
6	5p + 2p =	p
7	10p – 5p =	p
8	10p – 2p =	p
9	5p + 2p + 2p =	p
10	**9 – 4** =	

B

		ANSWER
1	nine **+** one =	
2	seven **–** four =	
3	**12 14 16 20**	
4	**25 30 40 45**	
5	**30 40 50 70**	
6	**4 + 5** =	
7	**6 + 2** =	
8	**9 – 7** =	
9	**7 – 4** =	
10	**2 + 5** =	

C

ANSWER

Fill in the number snakes.

1   16   18

2   20   25

3   30   50   70

4   two four six

Here are some prices in the shop.

6p   8p

9p   10p

How much change do you get when you use
a **10p** coin to buy

5	the teddy?	p
6	the ball?	p
7	the bat?	p

Choose some different groups of coins to pay
for the kite.

8   p   p

9   p   p   p   p

10   p   p   p   p   p

5

Section 1   Session 2

1 Circle the even number.

    10   **11**   **13**

2 Circle the odd number.

    20   **23**   **26**

3 Tick the number that is fifteen.

    51   **15**

4 $+ \; 4p \; = \; 5p$ ☐ p

5 $(10p) - \;\;\; = (5p)$ ☐ p

6 $(2p) + (2p) + (2p) \; = \;$ ☐ p

7 $(5p) + (2p) + (2p) \; = \;$ ☐ p

8 $(10p) - (5p) - (2p) \; = \;$ ☐ p

9 $(10p) - (2p) - (2p) \; = \;$ ☐ p

10 $(2p) + (2p) + (5p) + (1p) \; = \;$ ☐ p

B   ANSWER

1 **20, 22, 24,**   ☐

2 **19, 21, 23, 25,**   ☐

3 Write the number.

    tens ones   ☐☐

4 Draw the beads for this number.

    | 2 | 4 |

    tens ones

5 $9 - 4 \; = \;$ ☐

6 $7 - 5 \; = \;$ ☐

7 $2 + 4 \; = \;$ ☐

8 $4 + 5 \; = \;$ ☐

9 $10 - 10 \; = \;$ ☐

10 $7 - 6 \; = \;$ ☐

C   ANSWER

Look at these numbers in the cloud.

    27   13   36   42   89   4

1 Write the numbers that are odd.

    ☐ ☐ ☐

2 Write the smallest even number. ☐

3 What is the even number
in the cloud after **36**? ☐

4 Draw onto this abacus
the smallest odd
number in the cloud.

    tens ones

Find the largest odd number in the cloud.

5 How many tens are there? ☐

6 How many ones are there? ☐

6 oranges **4** apples **2** bananas **3** pears

How many

7 apples, bananas and pears
are there in total? ☐

8 more oranges are there
than pears? ☐

9 fewer bananas are there
than oranges? ☐

10 Which two fruits total **7**?

    ☐ and ☐

Section 1   Session 3

A   ANSWER

1  = ☐

2  = ☐

3  = ☐

4  = ☐

5  = ☐

6  = ☐

7 15 + ⚄ = ☐

8 19 + ⚂ = ☐

9 25 − ⚂ = ☐

10 26 − ⚅ = ☐

B   ANSWER

1 5 + 3 = ☐

2 9 − 6 = ☐

3 7 − 7 = ☐

4 3 + 7 = ☐

5 3 + 3 = ☐

6 19 + 2 = ☐

7 36 − 4 = ☐

8 26 + 5 = ☐

9 38 − 9 = ☐

10 45 + 7 = ☐

C   ANSWER

Use these numbers to answer the questions.

| 7 | 3 | 4 | 6 |

1 ☐ + ☐ = 10   ☐ ☐

2 ☐ + ☐ = 10   ☐ ☐

3 ☐ − ☐ = 4   ☐ ☐

4 ☐ − ☐ = 2   ☐ ☐

5 ☐ + ☐ − ☐ = 0   ☐ ☐ ☐

23p   **35p**

4p   **3p**

How much

6 for a cauliflower and a lemon? ☐ p

7 more does the cauliflower cost than the lemon? ☐ p

8 for a melon and a parsnip? ☐ p

9 change from **50p** if you buy the lemon and the parsnip? ☐ p

10 change from a **20p** and a **10p** if you buy a cauliflower and a parsnip? ☐ p

7

Section 1   Session 4

1   Write **23** in words.

2   Write **36** in words.

3   Write the next odd number after **39**.

4   Write the even number just before **43**.

5    =

6   =

7   =

8   =

9   =

10   =

5   **3 + 5**   =

6   **7 − 3**   =

7   **8 − 1**   =

8   **2 + 4**   =

9   **4 + 4**   =

10   **9 − 8**   =

C   ANSWER

| 36 | 49 | 92 | 85 |

1   Write in words the two numbers that are even.

[   ] and [   ]

2   Write in words the two numbers that are odd.

[   ] and [   ]

3   How many tens in the smallest number?

4   How many ones in the smallest number?

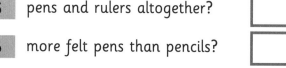
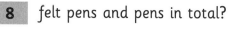

How many

5   pens and rulers altogether?

6   more felt pens than pencils?

7   more rulers than pencils?

8   felt pens and pens in total?

9   fewer pens than rulers?

10   fewer pencils than rulers?

B   ANSWER

Show the number on the abacus.

1 | 3 | 6 |

tens   ones

2 | 4 | 9 |

tens   ones

3   Write twenty-six using numbers.

4   Write **47** using words.

Section 1   Session 5

ANSWER

1   5p + 5p   =   [   ] p

2   10p − 2p   =   [   ] p

3   5p + 2p   =   [   ] p

4   10p − 5p − 2p   =   [   ] p

5   2p + 2p + 1p   =   [   ] p

6   15 + ●●● =   [   ]

7   26 + ●●●● =   [   ]

8   34 − ●●●● =   [   ]

9   42 − ●●●●●● =   [   ]

10   54 + ●●●●● =   [   ]

B   ANSWER

1   4 + 6   =   [   ]

2   9 − ▨ = 5   [   ]

3   ▨ + 3 = 8   [   ]

4   ▨ − 6 = 3   [   ]

5   7 − ▨ = 2   [   ]

6   54 + 7   =   [   ]

7   92 − 3   =   [   ]

8   36 + 6   =   [   ]

9   44 − 4   =   [   ]

10   32 − 8   =   [   ]

C   ANSWER

[6kg]   [4kg]   [5kg]   [2kg]

Which boxes

1   weigh **10kg** in total?

[kg] and [kg]

2   have a difference of **3kg**?

[kg] and [kg]

3   have a difference in weight of **4kg**?

[kg] and [kg]

4   make a total of **6kg**?

[kg] and [kg]

5   Which box, added to the **4kg** one, makes a total of **9kg**?   [kg]

52cm ——— A
45cm ——— B
64cm ——— C
39cm ——— D

How much is left if you cut

6   **4cm** from string A?   [cm]

7   **8cm** from string B?   [cm]

8   **9cm** from string C?   [cm]

9   How much must you cut from string D to leave **35cm**?   [cm]

10   Noah has string A. He needs **61cm** of string. How much more string does he need?   [cm]

9

Section 1 Session 6

A ANSWER

1 Tick the odd numbers.

12   45   76   89

2 Tick the even numbers.

36   45   57   90

How many

3 tens in **56**? ☐

4 ones in **45**? ☐

5 ⬤45 + ●●● = ☐

6 ⬤36 + ●●●⋮ = ☐

7 ⬤29 + ●●●● = ☐

8 ⬤56 − ●●⋮ = ☐

9 ⬤92 − ●●● = ☐

10 ⬤83 − ●●●⋮ = ☐

B ANSWER

1 45 47 49 ▢ ☐

2 58 60 62 ▢ ☐

Write the numbers that the abacuses show.

3 tens ones ☐☐

4 tens ones ☐☐

5 **37 + 3** = ☐

6 **49 + 2** = ☐

7 **71 − 3** = ☐

8 **64 − 6** = ☐

9 **92 − 5** = ☐

10 **59 + 4** = ☐

C ANSWER

Here are some numbers.

12   15   19   36   87

Write the

1 even numbers. ☐ ☐

2 odd numbers. ☐ ☐ ☐

3 number that has three tens. ☐

4 number that has the most ones. ☐

How much

5 more sand does scale A need so that its weight is **40g**? ☐ g

6 sand must be taken off scale B so that it weighs **40g**? ☐ g

7 more sand does scale C need so that it weighs **100g**? ☐ g

8 more sand does scale D need so that it weighs **25g**? ☐ g

9 sand needs to be taken off scale E so that it weighs **55g**? ☐ g

10 more sand does scale B need to make it weigh **50g**? ☐ g

Section 1   Session 7

1 54 56 ▢ 60 ▢

2 47 49 ▢ 53 ▢

Write the numbers.

3
tens ones

4
tens ones

5 9 + 1   = ▢

6 8 – 2   = ▢

7 5 + 3   = ▢

8 6 – 6   = ▢

9 4 + 5   = ▢

10 4 + 4   = ▢

B   ANSWER

Use these numbers for questions **1** and **2**.

18   97   36   42

Write the

1 lowest even number.   ▢

2 highest odd number.   ▢

3 46 is ▢ tens and ▢ ones.

4 5 tens and 7 ones is   ▢

Write the answers in words.

5 Nine and one makes   ▢

6 Ten subtract four leaves   ▢

7 Two add seven equals   ▢

8 The difference between eight and six is   ▢

9 ▢ add five equals nine.   ▢

10 ▢ minus four leaves two.   ▢

C   ANSWER

Here are some numbers.

86   47   29   74

Which number has

1 an eight in its tens and is even?   ▢

2 a two in its tens and is odd?   ▢

3 a seven in its tens, and is even?   ▢

4 Which is the larger odd number, and has a seven in its ones?   ▢

Ava – **4** cards   Jake – **8** cards   Molly – **3** cards   Leo – **7** cards

Write your answers in words.
How many

5 cards do Ava and Molly have in total?   ▢

6 more cards does Jake have than Molly?   ▢

7 in total if Leo and Molly put their cards together?   ▢

8 fewer cards does Ava have than Jake?   ▢

9 fewer cards does Leo have than Jake?   ▢

10 more cards does Ava need to make ten cards?   ▢

11

Section 1   Session 8

A

		ANSWER
1	5 + 5 =	
2	4 + 2 =	
3	7 – 3 =	
4	8 – 1 =	
5	2 + 0 =	
6	16 + 4 =	
7	9 + 11 =	
8	13 – 6 =	
9	15 – 9 =	
10	18 – 9 =	

B

		ANSWER
1	⬜ + 4 = 9	
2	2 + 8 = ⬜	
3	6 + ⬜ = 9	
4	⬜ – 6 = 4	
5	3 + ⬜ = 10	
6	45 + 5 = ⬜	
7	92 – 5 = ⬜	
8	55 + 6 = ⬜	
9	⬜ – 2 = 70	
10	45 – ⬜ = 39	

C

ANSWER

The children throw three dice.

Which dice score

1 the total **10**? ⬜ and ⬜

2 the total **7**? ⬜ and ⬜

What is the difference between

3 the highest and lowest dice scores? ⬜

4 the two even scores? ⬜

5 4 + 6 – 3 = ⬜

Use these cards for questions **6** to **10**.

4	6	8
35	**22**	**47**

6 What is the total of the lowest and highest two numbers? ⬜

Which card

7 added to **35**, gives a total of **39**? ⬜

8 subtracted from **47**, leaves **39**? ⬜

9 added to **22**, gives **30**? ⬜

10 What is the total of **35** and **4**? ⬜

12

Section 1 Session 9

A		ANSWER

1	5 + 2	=	
2	6 – 4	=	
3	7 – 2	=	
4	3 + 7	=	
5	2 + 2	=	
6	(15) + •••	=	
7	(19) – •••• ••••	=	
8	(12) + ••• •••	=	
9	(12) – ••• ••• •••	=	
10	(17) – •••• •••• •	=	

B		ANSWER

1	5 add 5 equals	
2	6 subtract 3 leaves	
3	8 and 2 makes	
4	7 minus 4 leaves	
5	The difference between 9 and 4 is	
6	19 subtract 4 leaves	
7	20 subtract 7 equals	
8	15 and 4 is	
9	13 add 7 equals	
10	The difference between 16 and 9 is	

C		ANSWER

4p   5p   6p

7p   8p

How much change do you get from **10p** if you spend

1	4p?	p
2	8p?	p
3	7p?	p
4	What does 4p and 6p total?	p
5	You have 5p. How much more do you need to have a total of 10p?	p

7p   8p   9p

How much change do you get from **20p** if you spend

| 6 | 7p? | p |
| 7 | 9p? | p |

How much money do you have in total if you have

8	12p and are given another 8p?	p
9	11p and are given another 7p?	p
10	8p and are given another 11p?	p

Section 1   Session 10

A   ANSWER

1   4 + 3   =   ☐

2   3 + 6   =   ☐

3   5 – 4   =   ☐

4   9 – 6   =   ☐

5   8 – 8   =   ☐

6   8 – 3   =   ☐

7   5 + 2   =   ☐

8   6 – 4   =   ☐

9   2 + 7   =   ☐

10   4 – 2   =   ☐

B   ANSWER

1   ☐ + 4 = 7   ☐

2   2 + ☐ = 8   ☐

3   7 – ☐ = 3   ☐

4   ☐ – 6 = 4   ☐

5   3 + ☐ = 8   ☐

6   12 + ☐ = 16   ☐

7   23 – ☐ = 19   ☐

8   56 + ☐ = 61   ☐

9   ☐ + 7 = 36   ☐

10   ☐ – 7 = 45   ☐

C   ANSWER

A   9cm

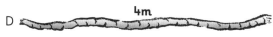
B   5m

C   2m

D   4m

E   3m

How much is left if

1   **5cm** is cut off A?   ☐ cm

2   **3m** is cut off B?   ☐ m

How much was there at the start if

3   **6m** has been cut off C to leave **2m**?   ☐ m

4   **5m** has been cut off D to leave **4m**?   ☐ m

There was **10m** of string E.

5   How much has been cut off?   ☐ m

How much is left if

25m

6   **6m** is cut off the rope?   ☐ m

7   another **4m** is cut off?   ☐ m

8   another **2m** is cut off?   ☐ m

9   another **8m** of rope is cut off?   ☐ m

10   How much is there if another rope measuring **32m** is added to the amount left in question **9**?   ☐ m

14

Section 1   Check-up 1

1   ANSWER

1   Twenty-three in numbers is   ☐

2   **46** in words is   ☐

3   **23**   **25**   **27**   ▦   ☐

4   **34**   **36**   **38**   ▦   ☐

5   Is **45** odd or even?   ☐

6   Is **98** odd or even?   ☐

7   Draw the beads for this number.

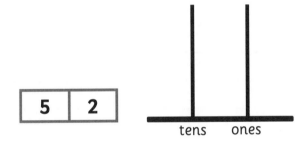

5	2

tens   ones

8   Write the number.

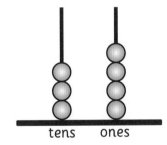

tens   ones

☐☐

9   **3 + 5**   =   ☐

10   **1 + 9**   =   ☐

11   **6 – 4**   =   ☐

12   **8 – 2**   =   ☐

13   **4 + 6**   =   ☐

      ANSWER

14   **7 – 7**   =   ☐

15   **19 + 5**   =   ☐

16   **28 + 3**   =   ☐

17   **36 – 4**   =   ☐

18   **96 – 7**   =   ☐

19   **54 – 7**   =   ☐

20   **57 + 9**   =   ☐

21   What is sixteen in numbers?   ☐

22   What is **15** and **3** more jumps of **2**?   ☐

23   What is **2** more than **48**?   ☐

24   What is **4** lots of **5** more than **30**?   ☐

25   Is **2** more than **37** an even number?   ☐

26   **45** is ☐ tens and ☐ ones.

27   How much is a **5p** coin and a **2p** coin altogether?   ☐ p

How much change do you get from

28   **10p** if you spend **4p**?   ☐ p

29   **50p** if you spend **4p**?   ☐ p

30   **17p** if you spend **6p**?   ☐ p

Section 2 Achievement chart

Colour the box for each question you got right.

Name:		1	2	3	4	5	6	7	8	9	10
Session 1	Part A										
	Part B										
	Part C										
Session 2	Part A										
	Part B										
	Part C										
Session 3	Part A										
	Part B										
	Part C										
Session 4	Part A										
	Part B										
	Part C										
Session 5	Part A										
	Part B										
	Part C										
Session 6	Part A										
	Part B										
	Part C										
Session 7	Part A										
	Part B										
	Part C										
Session 8	Part A										
	Part B										
	Part C										
Session 9	Part A										
	Part B										
	Part C										
Session 10	Part A										
	Part B										
	Part C										
Check-up 2		1	2	3	4	5	6	7	8	9	10
		11	12	13	14	15	16	17	18	19	20
		21	22	23	24	25	26	27	28	29	30

Section 2 Session 1

A ANSWER

Write how many.

1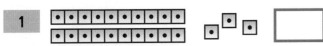

2

3

Show where the number belongs.

4 **25** |—|—|—|—|—|—|—|—|—|—|
  20   30

5 **58** |—|—|—|—|—|—|—|—|—|—|
  50   60

6 **31** |—|—|—|—|—|—|—|—|—|—|
  25   35

The numbers show how many doughnuts are in each bag. Find the totals.

7 [4] + [2] + [3] = ☐

8 [5] + [1] + [4] = ☐

9 [3] + [3] + [2] = ☐

10 [4] + [0] + [4] = ☐

B ANSWER

1 **23** is ☐ tens and ☐ ones.

2 **47** is ☐ tens and ☐ ones.

3 **96** is ☐ tens and ☐ ones.

Write these in order.

4 **21, 95, 47, 38** ☐

5 **73, 37, 45, 35** ☐

6 **54, 63, 45, 36** ☐

Find the totals.

7 **6 + 3 + 4** = ☐

8 **7 + 7 + 2** = ☐

9 **8 + 2 + 6** = ☐

10 **3 + 4 + 9** = ☐

C ANSWER

1 What number is **9** tens and **5** ones? ☐

2 How many tens in **54**? ☐

3 How many tens in **46 + 4**? ☐

Josh   Dad   Alice   Mum
7 years **43** years **19** years **39** years

Which member of the family is

4 the oldest? ☐

5 the youngest? ☐

6 Write the names of the family in age order. Start with the youngest.
☐

7 How many years older than Josh is Alice? ☐

8 Alice's friend Jack is 2 years older than her. How old is Jack? ☐

9 Josh has two friends, also aged 7. What is the total of all three of their ages? ☐

10 How many years older than Mum is Dad? ☐

Section 2 Session 2

A   ANSWER

1   **5** tens and **1** one is

2   **6** tens and no ones is

3   **8** tens and **9** ones is

Write a < or > to make the sentence true.

4   **56**   **45**

5   **92**   **97**

6   **49**   **51**

Find the sum of each set of numbers.

7   **5 + 7 + 6**   =

8   **4 + 7 + 8**   =

9   **2 + 9 + 6**   =

10   **3 + 8 + 6**   =

B   ANSWER

1   **3** tens and **4** ones is

2   **5** tens and no ones is

3   **4** tens and **3** ones is

Write all the numbers to make these true.
Write the numbers

4   up to **100**.

   92 <

5   between **40** and **50**.

   45 >

6   between **30** and **40**.

   36 >

Use doubles to help you find the totals.

7   **8 + 8 + 4**   =

8   **6 + 6 + 5**   =

9   **9 + 5 + 9**   =

10   **7 + 8 + 7**   =

C   ANSWER

Write the number that is

1   **1** more than five tens and seven ones.

2   **1** fewer than five tens and seven ones.

3   ten more than five tens and seven ones.

4   ten less than five tens and seven ones.

Tick the statements that are correct.
Write the correct answer if the statement is wrong.

5   **57 < 56**

6   **45 < 54**

7   **64 > 46**

£9   **£4**   **£6**

How much are

8   two toy cars and a book?   £

9   two mugs and a toy car?   £

10   a book, a mug and a toy car?   £

Section 2   Session 3

A

ANSWER

Write the totals.

1

2 9 tens and 1 one is

3 6 tens and 7 ones is

4 16 + 7   =

5 24 – 7   =

6 32 + 9   =

7 8 – 5   =

8 3 + 7   =

9 9 – 6   =

10 33 – 9   =

B

ANSWER

Which number is missing?

1 3 + □ + 3 = 10

2 4 + 5 + □ = 12

3 7 + □ + 4 = 14

4 Twenty-one subtract five leaves

5 Eighty-four add six is

6 Thirty-one take away eight is

7 The difference between 8 and 4 is

8 9 subtract 4 leaves

9 5 add 5 equals

10 6 add 3 is

C

ANSWER

62 slates

45 bricks

16 slabs

How many

1 bricks are there if 2 more are added?

2 slates are there if 6 more are added?

3 slabs are there if 9 more are added?

4 What is the total of **16** and **8**?

5 What is **24** subtract **6**?

6 How many more is **71** than **64**?

7 How many is **8** and **2** in total?

8 What is **10** take away **5**?

9 What is **5** and **3**?

10 What is **8** subtract **8**?

Section 2   Session 4

A   ANSWER

For questions **1** to **3** write < or >.

1	**5**cm **2**cm	
2	**17**cm **19**cm	
3	**91**cm **45**cm	
4	**16 + 4** =	
5	**25 – 7** =	
6	**32 + 9** =	

7 (5p) + (2p)   = ___ p

8 (10p) – ___ = 3p   ___ p

9 (2p) + (2p) + (1p) = ___ p

10 (10p) – (5p) – (2p) = ___ p

B   ANSWER

Write all the numbers to make these true.

1 Write all the numbers greater than **30**.

35 > ___

2 Write all the numbers up to **60**.

56 < ___

3 Write all the numbers greater than **85**.

92 > ___

4 **42** subtract **7** leaves

5 **94** add **6** equals

6 **56** add **7** equals

7 The difference between **9** and **3**.

8 ___ subtract **4** leaves **3**.

9 ___ add **6** makes **12**.

10 **4** minus **4** equals

C   ANSWER

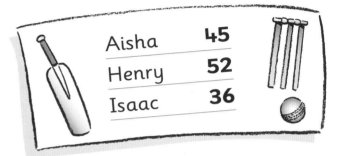

Aisha	**45**
Henry	**52**
Isaac	**36**

Whose score is

1 greater than Aisha's? ___

2 less than Aisha's? ___

3 less than Henry's but greater than Isaac's? ___

How many

4 more runs does Aisha need to get **50**?

5 more runs does Henry have than Aisha?

6 more runs does Isaac need to have the same score as Aisha?

7 more runs does Henry need to have **60**?

How much

8 change from **10p** do you get if you spend **4p**?   ___ p

9 more is **18p** than **4p**?   ___ p

10 more than **4p** is **13p**?   ___ p

20

Section 2   Session 5

A   ANSWER

1    [ ]

2   [ ]

3   **6** tens and **9** ones   [ ]

4   10p + 5p − 4p   =   [ ] p

5   20p − 6p   =   [ ] p

6   50p − 7p   =   [ ] p

7   50p + 20p − 8p   =   [ ] p

8   10p − 4p   =   [ ] p

9   10p − 5p   =   [ ] p

10   10p − 1p   =   [ ] p

B   ANSWER

1   **4** tens and **3** ones is   [ ]

2   **9** tens and **9** ones is   [ ]

3   **6** tens and **7** ones is   [ ]

4   **36p − 5p**   =   [ ] p

5   **90p − 7p**   =   [ ] p

6   **37p + 8p**   =   [ ] p

7   **85p − 6p**   =   [ ] p

8   **£9 − £2**   =   £ [ ]

9   **£5 + £2**   =   £ [ ]

10   **£3 + £14**   =   £ [ ]

C   ANSWER

Maya	43
Ali	37
Erin	44

Write these scores.

1   **Maya's** [ ] tens and [ ] ones.

2   **Ali's** [ ] tens and [ ] ones.

3   **Erin's** [ ] tens and [ ] ones.

How many

4   more did Erin score than Maya?   [ ]

5   fewer did Ali score than Erin?   [ ]

6   What is the difference between Maya's score and Ali's score?   [ ]

How much

7   more than **6p** is **18p**?   [ ] p

8   change do you get from **10p** if you spend **3p**?   [ ] p

9   are two **5p** stamps in total?   [ ] p

10   are a **5p** stamp and a **12p** stamp in total?   [ ] p

Section 2   Session 6

A

			ANSWER
1	**14 – 5**	=	
2	**18 – 6**	=	
3	**21 – 7**	=	
4	**9 – 4**	=	
5	**7 + 2**	=	
6	**10 + 10**	=	
7	**3 + 3**	=	
8	**7 + 7**	=	
9	**9 + 9**	=	
10	**6 + 6**	=	

B

		ANSWER
1	**26** subtract **8** is	
2	The difference between **34** and **7** is	
3	**45** add **8** equals	
4	Seven and three is	
5	Nine minus two leaves	
6	Four add six equals	
7	Double **8** is	
8	Half of **20** is	
9	Half of **6** is	
10	Half of **10** is	

C

1 Write the totals for each amount of money.

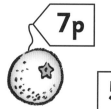

10p 5p 2p	p
20p 20p 5p	p
50p 20p 1p	p

2 Subtract **8p** from the smallest total of money. ___ p

3 Add **7p** to the largest total of money. ___ p

7p   **9p**   **5p**

4 How much change from **10p** if you buy the orange? ___ p

Choose different groups of coins to pay for a banana.

5 (p) (p) (p)

6 (p) (p) (p) (p)

How much for

7 two apples? ___ p

8 two oranges? ___ p

9 two bananas? ___ p

10 one pear if two pears cost **16p**? ___ p

22

Section 2   Session 7

1 (16) + ⠒⠒ = ☐

2 (19) – ⠒⠒⠄ = ☐

3 (14) + ⠒⠒⠒ = ☐

4 (12) – ⠒⠒⠄ = ☐

5  = ☐

6 = ☐

7 + = ☐

8 + = ☐

9 + = ☐

10  + = ☐

1 **19** subtract **8** leaves ☐

2 **15** add **4** equals ☐

3 **16** add **5** equals ☐

4 **9** – ☐ = **4** ☐

5 **6** + ☐ = **8** ☐

6 ☐ + **3** = **6** ☐

7 ☐ + **4** = **4** ☐

8 Double **7** is ☐

9 Half of **16** is ☐

10 Double **5** is ☐

What is

1 **12** subtract **4**? ☐

2 **15** take away **7**? ☐

3 **10** minus **8**? ☐

4 the total of six and four? ☐

5 double **6**? ☐

6 double **8**? ☐

7 double **10**? ☐

8 half of **12**? ☐

9 half of **18**? ☐

10 half of **8**? ☐

Section 2   Session 8

A

		ANSWER

1 ③ + ∷∶ = ▢

2 ⑧ − ∶ = ▢

3 ② + ∷∶ = ▢

4 [domino] + = ▢

5 [domino] + = ▢

6 [domino] + = ▢

Continue the pattern.

7 **10 20 30** ▢ ▢ ▢

8 **5 10 15** ▢ ▢ ▢

9 **2 4 6** ▢ ▢ ▢

10 **60 50 40** ▢ ▢ ▢

B

		ANSWER

1 **9** add **1** is ▢

2 **4** subtract **4** is ▢

3 **16** take away **2** leaves ▢

4 Double **8** is ▢

5 Half of **10** is ▢

6 Half of ▢ is **6**.

---

7 **6 8** ▢ ▢ ▢ **16 18**

8 ▢ **25 30 35** ▢ ▢

9 **40 50 60** ▢ ▢ ▢

10 **20 18 16** ▢ ▢ ▢

C

	ANSWER

How many are left?

1 **8** books take away **2** books. ▢

2 **10** books subtract **4** books. ▢

3 What is the total of **5** and **14**? ▢

4 What number is twice as many as **8**? ▢

5 What is half of **18**? ▢

6 What number is twice as many as **7**? ▢

What is the final number?

7 Start on **35**.
Add **3** jumps of **5**. ▢

8 Start on **20**.
Count back **3** twos. ▢

9 Count back **9** tens from **100**. ▢

10 Count in fives from zero to **20**.
How many fives? ▢

24

Section 2　Session 9

A　ANSWER

1　 =　[　]

2　 =　[　]

3　 =　[　]

4　 =　[　]

5　 =　[　]

6　 =　[　]

7　 =　[　]

8　 20　18　16　[　] [　] [　]

9　 30　25　20　[　] [　] [　]

10　 60　50　40　[　] [　] [　]

B　ANSWER

1　5 + [　] = 7　[　]

2　6 – [　] = 4　[　]

3　[　] – 3 = 4　[　]

4　Double **6** is　[　]

5　Double [　] is **18**.　[　]

6　Half of **16** is　[　]

7　Half of **10** is　[　]

8　**10** [　] **30** [　] **50** [　]

9　**4** [　] **8** [　] **12** [　]

10　**20** [　] **30** [　] **40** [　]

C　ANSWER

How many

1　is **5** and **4** in total?　[　]

2　is **6** take away **2**?　[　]

3　more than **6** is **10**?　[　]

What is

4　double **10**?　[　]

5　double **6**?　[　]

6　half of **18**?　[　]

7　half of **8**?　[　]

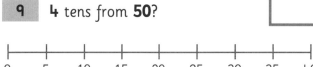

What is the final number when you count back

8　**3** tens from **70**?　[　]

9　**4** tens from **50**?　[　]

10　**8** fives from **40**?　[　]

25

Section 2   Session 10

A
ANSWER

1 [domino: 4 dots + 4 dots] = ☐

2 [domino: 9 dots + 9 dots] = ☐

3 [domino: 7 dots + 7 dots] = ☐

4 [domino: 6 dots + 6 dots] = ☐

5 [domino: 2 dots + 2 dots] = ☐

6 5 10 ☐ ☐ 25 ☐

7 30 40 50 ☐ ☐ ☐

8 6 8 10 ☐ ☐ ☐

9 60 50 40 ☐ ☐ ☐

10 18 ☐ 14 ☐ ☐ 8

B
ANSWER

1 Half of **14** is ☐

2 Half of **18** is ☐

3 Double **2** is ☐

4 Half of **6** is ☐

5 Double **6** is ☐

6 Start at **5**. Count on **3** fives. ☐

7 Start at **8**. Count on **3** twos. ☐

8 Start at **30**. Count on **5** tens. ☐

9 Start at **12**.
Count back **2** twos. ☐

10 Start at **100**.
Count back **5** tens. ☐

C
ANSWER

What number is twice as many as

1 **4**? ☐

2 **6**? ☐

3 **8**? ☐

What number is half of

4 **16**? ☐

5 **18**? ☐

What is the final number?

6 Start at **10**. Count on **4** tens. ☐

7 Start at **20**. Count on **6** fives. ☐

8 Count in twos from **6** to **20**.
How many twos did you count? ☐

9 Count back in fives from
40 to **25**.
How many fives did you count? ☐

10 Count back in tens from
70 to zero.
How many tens did you count? ☐

26

Section 2 Check-up 2

2 | ANSWER

1 **56** is the same as

[ ] tens and [ ] ones.

2 **4** tens and **3** ones is the same as [ ]

Write the number on the number line.

3 **36** ├─┼─┼─┼─┼─┼─┼─┼─┼─┼─┤
30   40

4 Write the numbers in order

62 59 37 84

[ ] [ ] [ ] [ ]

5 **3 + 6 + 2** = [ ]

6 **7 + 5 + 3** = [ ]

7 **15 + 4** = [ ]

8 **19 + 4** = [ ]

9 **4 + 3** = [ ]

10 **9 − 2** = [ ]

11 **8 + 8** = [ ]

12 **9 + 9** = [ ]

13 Half of **12** is [ ]

14 **0 2 4** [ ] [ ] [ ]

15 **0 5 10** [ ] [ ] [ ]

16 **0 10 20** [ ] [ ] [ ]

17 Write **5** tens and **3** ones as a number. [ ]

Write < or >.

18 **91**   **19** [ ]

19 **23**   **32** [ ]

20 Write these numbers in order.

97 45 86 37 29

[ ] [ ] [ ] [ ] [ ]

21 **8 + 7 + 8** = [ ]

How much do these total?

22 potatoes and an orange [ ] p

23 carrots and an orange [ ] p

24 an orange and an apple [ ] p

25 two pears [ ] p

How much more

26 do the carrots cost than the orange? [ ] p

27 does an orange cost than a pear? [ ] p

Where do you finish on the number line if you

28 start at **10** and make **4** hops of **5**? [ ]

29 start at **30** and make **6** hops of **10**? [ ]

30 start at **20** and make **5** hops of **2** back? [ ]

27

Section 3 Achievement chart

Colour the box for each question you got right.

Name:		1	2	3	4	5	6	7	8	9	10
Session 1	Part A										
	Part B										
	Part C										
Session 2	Part A										
	Part B										
	Part C										
Session 3	Part A										
	Part B										
	Part C										
Session 4	Part A										
	Part B										
	Part C										
Session 5	Part A										
	Part B										
	Part C										
Session 6	Part A										
	Part B										
	Part C										
Session 7	Part A										
	Part B										
	Part C										
Session 8	Part A										
	Part B										
	Part C										
Session 9	Part A										
	Part B										
	Part C										
Session 10	Part A										
	Part B										
	Part C										
Check-up 3		1	2	3	4	5	6	7	8	9	10
		11	12	13	14	15	16	17	18	19	20
		21	22	23	24	25	26	27	28	29	30
Check-up 4		1	2	3	4	5	6	7	8	9	10
		11	12	13	14	15	16	17	18	19	20
		21	22	23	24	25	26	27	28	29	30

Section 3 Session 1

A   ANSWER

1   1 + 1   = [ ]

so   1 × 2   = [ ]

2   2 + 2   = [ ]

so   2 × 2   = [ ]

3   3 + 3   = [ ]

so   3 × 2   = [ ]

4   4 + 4   = [ ]

so   4 × 2   = [ ]

5   5 + 5   = [ ]

so   5 × 2   = [ ]

6   6 + 6   = [ ]

so   6 × 2   = [ ]

7   7 + 7   = [ ]

so   7 × 2   = [ ]

8   8 + 8   = [ ]

so   8 × 2   = [ ]

9   9 + 9   = [ ]

so   9 × 2   = [ ]

10   10 + 10   = [ ]

so   10 × 2   = [ ]

B   ANSWER

1   5 × 2   = [ ]

2   7 × 2   = [ ]

3   8 × 2   = [ ]

4   9 × 2   = [ ]

5   4 × 2   = [ ]

6   6 × 2   = [ ]

7   3 × 2   = [ ]

8   10 × 2   = [ ]

9   2 × 2   = [ ]

10   1 × 2   = [ ]

C   ANSWER

Eggs **2p each**

How much for

1   **6** eggs?   [ ] p

2   **4** eggs?   [ ] p

3   **8** eggs?   [ ] p

4   **5** eggs?   [ ] p

5   **3** eggs?   [ ] p

6   **9** eggs?   [ ] p

7   **2** eggs?   [ ] p

8   **1** egg?   [ ] p

9   **10** eggs?   [ ] p

10   **7** eggs?   [ ] p

29

Section 3 Session 2

		ANSWER

1 1 + 1 + 1 + 1 + 1 = ☐

so 1 × 5 = ☐

2 2 + 2 + 2 + 2 + 2 = ☐

so 2 × 5 = ☐

3 3 + 3 + 3 + 3 + 3 = ☐

so 3 × 5 = ☐

4 4 + 4 + 4 + 4 + 4 = ☐

so 4 × 5 = ☐

5 5 + 5 + 5 + 5 + 5 = ☐

so 5 × 5 = ☐

6 6 + 6 + 6 + 6 + 6 = ☐

so 6 × 5 = ☐

7 7 + 7 + 7 + 7 + 7 = ☐

so 7 × 5 = ☐

8 8 + 8 + 8 + 8 + 8 = ☐

so 8 × 5 = ☐

9 9 + 9 + 9 + 9 + 9 = ☐

so 9 × 5 = ☐

10 10 + 10 + 10 + 10 + 10 = ☐

so 10 × 5 = ☐

B ANSWER

1 5 multiplied by 5 is ☐

2 2 times 5 is ☐

3 6 multiplied by 5 is ☐

4 1 times 5 equals ☐

5 9 times 5 is ☐

6 7 times 5 is ☐

7 10 multiplied by 5 is ☐

8 4 multiplied by 5 equals ☐

9 3 multiplied by 5 equals ☐

10 8 times 5 is ☐

C ANSWER

How many apples in

1 2 packs? ☐

2 6 packs? ☐

3 1 pack? ☐

4 7 packs? ☐

5 3 packs? ☐

6 8 packs? ☐

7 10 packs? ☐

8 4 packs? ☐

9 9 packs? ☐

10 5 packs? ☐

Section 3   Session 3

A   ANSWER

1 1 + 1 + 1 + 1 + 1 +
      1 + 1 + 1 + 1 + 1   = ☐

so **1 × 10**   = ☐

2 2 + 2 + 2 + 2 + 2 +
      2 + 2 + 2 + 2 + 2   = ☐

so **2 × 10**   = ☐

3 3 + 3 + 3 + 3 + 3 +
      3 + 3 + 3 + 3 + 3   = ☐

so **3 × 10**   = ☐

4 4 + 4 + 4 + 4 + 4 +
      4 + 4 + 4 + 4 + 4   = ☐

so **4 × 10**   = ☐

5 5 + 5 + 5 + 5 + 5 +
      5 + 5 + 5 + 5 + 5   = ☐

so **5 × 10**   = ☐

6 6 + 6 + 6 + 6 + 6 +
      6 + 6 + 6 + 6 + 6   = ☐

so **6 × 10**   = ☐

7 7 + 7 + 7 + 7 + 7 +
      7 + 7 + 7 + 7 + 7   = ☐

so **7 × 10**   = ☐

8 8 + 8 + 8 + 8 + 8 +
      8 + 8 + 8 + 8 + 8   = ☐

so **8 × 10**   = ☐

9 9 + 9 + 9 + 9 + 9 +
      9 + 9 + 9 + 9 + 9   = ☐

so **9 × 10**   = ☐

10 10 + 10 + 10 + 10 + 10
       10 + 10 + 10 + 10 + 10 = ☐

so **10 × 10**   = ☐

B   ANSWER

1 **5 × 10**   = ☐

2 **7 × 10**   = ☐

3 **9 × 10**   = ☐

4 **3 × 10**   = ☐

5 **4 × 10**   = ☐

6 **6 × 10**   = ☐

7 **2 × 10**   = ☐

8 **10 × 10**   = ☐

9 **1 × 10**   = ☐

10 **8 × 10**   = ☐

C   ANSWER

How much is

1 **5 10p** coins?   ☐ p

2 **6 10p** coins?   ☐ p

3 **2 10p** coins?   ☐ p

4 **7 10p** coins?   ☐ p

5 **3 10p** coins?   ☐ p

6 **4 £10** notes?   £ ☐

7 **8 £10** notes?   £ ☐

8 **10 £10** notes?   £ ☐

9 **1 £10** note?   £ ☐

10 **9 £10** notes?   £ ☐

31

Section 3   Session 4

A

ANSWER

0 2 4 6 8 10 12 14 16 18 20

1 **2** divided by **2** is

so **2 ÷ 2** =

2 **4** divided by **2** is

so **4 ÷ 2** =

3 **6** divided by **2** is

so **6 ÷ 2** =

4 **8** divided by **2** is

so **8 ÷ 2** =

5 **10** divided by **2** is

so **10 ÷ 2** =

6 **12** divided by **2** is

so **12 ÷ 2** =

7 **14** divided by **2** is

so **14 ÷ 2** =

8 **16** divided by **2** is

so **16 ÷ 2** =

9 **18** divided by **2** is

so **18 ÷ 2** =

10 **20** divided by **2** is

so **20 ÷ 2** =

B

ANSWER

1 **6 ÷ 2** =

2 **4 ÷ 2** =

3 **8 ÷ 2** =

4 **10 ÷ 2** =

5 **20 ÷ 2** =

6 **14 ÷ 2** =

7 **12 ÷ 2** =

8 **16 ÷ 2** =

9 **2 ÷ 2** =

10 **18 ÷ 2** =

C

ANSWER

How many pairs are

1 **4** socks?

2 **6** socks?

3 **10** socks?

4 **2** socks?

5 **8** socks?

6 **12** socks?

7 **20** socks?

8 **18** socks?

9 **16** socks?

10 **14** socks?

Section 3   Session 5

ANSWER

```
|||||||||||||||||||||||||||||||||||||||||||||||||||
0   5   10  15  20  25  30  35  40  45  50
```

1   **5** divided by **5** is ☐

so   **5 ÷ 5**   =   ☐

2   **10** divided by **5** is ☐

so   **10 ÷ 5**   =   ☐

3   **15** divided by **5** is ☐

so   **15 ÷ 5**   =   ☐

4   **20** divided by **5** is ☐

so   **20 ÷ 5**   =   ☐

5   **25** divided by **5** is ☐

so   **25 ÷ 5**   =   ☐

6   **30** divided by **5** is ☐

so   **30 ÷ 5**   =   ☐

7   **35** divided by **5** is ☐

so   **35 ÷ 5**   =   ☐

8   **40** divided by **5** is ☐

so   **40 ÷ 5**   =   ☐

9   **45** divided by **5** is ☐

so   **45 ÷ 5**   =   ☐

10   **50** divided by **5** is ☐

so   **50 ÷ 5**   =   ☐

B   ANSWER

1   **10 ÷ 5**   =   ☐

2   **20 ÷ 5**   =   ☐

3   **30 ÷ 5**   =   ☐

4   **15 ÷ 5**   =   ☐

5   **5 ÷ 5**   =   ☐

6   **35 ÷ 5**   =   ☐

7   **45 ÷ 5**   =   ☐

8   **40 ÷ 5**   =   ☐

9   **50 ÷ 5**   =   ☐

10   **25 ÷ 5**   =   ☐

C   ANSWER

How many **5p** coins in

1   **20p**?   ☐

2   **10p**?   ☐

3   **40p**?   ☐

4   **15p**?   ☐

5   **50p**?   ☐

6   **30p**?   ☐

7   **5p**?   ☐

8   **45p**?   ☐

9   **35p**?   ☐

10   **25p**?   ☐

Section 3   Session 6

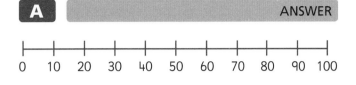

```
├──┼──┼──┼──┼──┼──┼──┼──┼──┼──┤
0  10  20  30  40  50  60  70  80  90 100
```

1   **10** divided by **10** is   ☐

so   **10 ÷ 10**   =   ☐

2   **20** divided by **10** is   ☐

so   **20 ÷ 10**   =   ☐

3   **30** divided by **10** is   ☐

so   **30 ÷ 10**   =   ☐

4   **40** divided by **10** is   ☐

so   **40 ÷ 10**   =   ☐

5   **50** divided by **10** is   ☐

so   **50 ÷ 10**   =   ☐

6   **60** divided by **10** is   ☐

so   **60 ÷ 10**   =   ☐

7   **70** divided by **10** is   ☐

so   **70 ÷ 10**   =   ☐

8   **80** divided by **10** is   ☐

so   **80 ÷ 10**   =   ☐

9   **90** divided by **10** is   ☐

so   **90 ÷ 10**   =   ☐

10   **100** divided by **10** is   ☐

so   **100 ÷ 10**   =   ☐

B   ANSWER

1   **20 ÷ 10**   =   ☐

2   **90 ÷ 10**   =   ☐

3   **60 ÷ 10**   =   ☐

4   **70 ÷ 10**   =   ☐

5   **10 ÷ 10**   =   ☐

6   **30 ÷ 10**   =   ☐

7   **50 ÷ 10**   =   ☐

8   **40 ÷ 10**   =   ☐

9   **80 ÷ 10**   =   ☐

10   **100 ÷ 10**   =   ☐

C   ANSWER

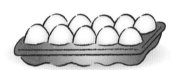

How many boxes of **10** will be filled by

1   **20** eggs?   ☐

2   **50** eggs?   ☐

3   **80** eggs?   ☐

4   **40** eggs?   ☐

5   **30** eggs?   ☐

6   **60** eggs?   ☐

7   **10** eggs?   ☐

8   **70** eggs?   ☐

9   **100** eggs?   ☐

10   **90** eggs?   ☐

Section 3   Session 7

1 5 × 2   = ☐

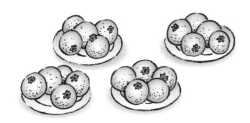

2 4 × 5   = ☐

3 6 × 10   = ☐

4 8 × 2   = ☐

5 3 × 5   = ☐

6 10 ÷ 2   = ☐

7 20 ÷ 5   = ☐

8 30 ÷ 10   = ☐

9 60 ÷ 10   = ☐

10 35 ÷ 5   = ☐

B   ANSWER

1 15 ÷ ☐ = 3   ☐

2 30 ÷ ☐ = 3   ☐

3 6 ÷ ☐ = 3   ☐

4 5 × ☐ = 25   ☐

5 7 × ☐ = 70   ☐

6 9 × ☐ = 18   ☐

7 ☐ ÷ 2 = 6   ☐

8 ☐ ÷ 5 = 7   ☐

9 ☐ ÷ 10 = 8   ☐

10 ☐ × 5 = 40   ☐

C   ANSWER

1 What is **6** multiplied by **2**?   ☐

2 What is **6** shared between **2**?   ☐

3 What is **5** times **8**?   ☐

4 What is **10** times **8**?   ☐

5 What is **35** shared between **5**? ☐

6 What is **40** shared between **10**? ☐

7 What is **16** shared between **2**? ☐

8 What is **25** shared between **5**? ☐

9 How much is double **10p**?   ☐ p

10 How much is **3 5p** coins?   ☐ p

Section 3   Session 8

A
ANSWER

1 Double **8** is ☐

2 Double **4** is ☐

3 Double **9** is ☐

4 Double **5** is ☐

5 Double **1** is ☐

6 Shade half.

7 Shade a quarter.

8 Shade three-quarters.

9 Shade a quarter.

10 Shade three-quarters.

B
ANSWER

1 Half of **6** is ☐

2 Half of **20** is ☐

3 Half of **16** is ☐

4 Half of **8** is ☐

5 Half of **10** is ☐

What is

6 half of **12**? ☐

7 a quarter of **12**? ☐

8 three-quarters of **12**? ☐

9 a quarter of **16**? ☐

10 three-quarters of **16**? ☐

C
ANSWER

What is

1 half of **12**? ☐

2 half of **16**? ☐

3 half of **20**? ☐

4 a quarter of **20**? ☐

5 three-quarters of **20**? ☐

6 double **5** and then double again? ☐

7 a half of **16** then a half again? ☐

8 a half of **14** then add one? ☐

9 double **3** and double again? ☐

10 a half of **18** then double this? ☐

36

Section 3   Session 9

A   ANSWER

1   6 + 6 =   ☐

2   9 + 9 =   ☐

3   7 + 7 =   ☐

4   Shade half.

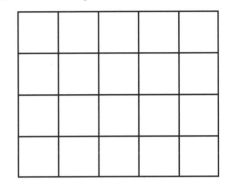

5   Shade a quarter.

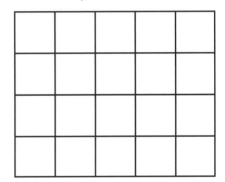

6   Shade three-quarters.

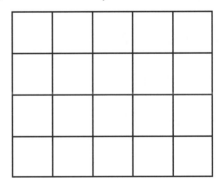

7   5 × 5 =   ☐

8   10 ÷ 2 =   ☐

9   15 ÷ 5 =   ☐

10   7 × 10 =   ☐

B   ANSWER

1   Double **8** is   ☐

2 $\frac{1}{2}$ of **20** is   ☐

3   Double **4** is   ☐

4 $\frac{1}{2}$ of **12** is   ☐

5   A quarter of **12** is   ☐

6   Three-quarters of **12** is   ☐

7   **5** multiplied by **10** is   ☐

8   **5** multiplied by **5** is   ☐

9   **10** divided by **5** is   ☐

10   **35** divided by **5** is   ☐

C   ANSWER

What is

1 $\frac{1}{2}$ of **40**?   ☐

2   a quarter of **40**?   ☐

3   three-quarters of **40**?   ☐

4   a quarter of **20**?   ☐

5 $\frac{1}{2}$ of **18**?   ☐

6   **40** shared between **5**?   ☐

7   double **8**?   ☐

8   double **4** and add **2**?   ☐

9 $\frac{1}{2}$ of **20**?   ☐

10   double **7**?   ☐

Section 3   Session 10

A ANSWER

1 Double **6** is ☐

2 Double **10** is ☐

3 $\frac{1}{2}$ of **14** is ☐

4 Half of **18** is ☐

5 Shade a quarter.

6 Shade three-quarters.

7 Shade one-third.

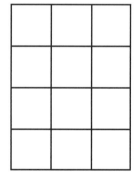

8 **12 ÷ 2** = ☐

9 **40 ÷ 5** = ☐

10 **6 × 5** = ☐

B ANSWER

1 Double **10** is ☐

2 $\frac{1}{2}$ of **8** is ☐

What is

3 $\frac{1}{2}$ of **24**? ☐

4 a quarter of **24**? ☐

5 three-quarters of **24**? ☐

6 **25** divided by **5** equals ☐

7 ☐ **÷ 5 = 10** ☐

8 ☐ **÷ 2 = 9** ☐

9 ☐ **× 5 = 35** ☐

10 **6 ×** ☐ **= 60** ☐

C ANSWER

What is

1 double **8**? ☐

2 one-third of **30**? ☐

3 **5** multiplied by **7**? ☐

4 **80** divided by **8**? ☐

5 **8** multiplied by **5**? ☐

6 $\frac{1}{2}$ of **16**? ☐

7 one-third of **15**? ☐

8 three-quarters of **16**? ☐

9 **10** times **8p**? ☐ p

10 How much is half of **8** times **5p**? ☐ p

Section 3   Check-up 3

3			ANSWER
1	4×5	$=$	
2	$20 \div 2$	$=$	
3	10×10	$=$	
4	6×5	$=$	
5	$90 \div 10$	$=$	
6	7×2	$=$	

What is

7	half of **20**?	
8	a quarter of **20**?	
9	three-quarters of **20**?	

What is

10	double **7**?	
11	double **9**?	
12	half of **14**?	
13	half of **12**?	

14	double **4**?	ANSWER
15	$\frac{1}{2}$ of **2**?	
16	$5 \times \square = 25$	
17	$\square \times 5 = 45$	
18	$\square \div 2 = 9$	
19	$\square \div 10 = 9$	
20	$3 \times \square = 15$	
21	**18** shared between **2** is	
22	**6** eggs at **10p** each cost	p

What is

23	one-third of **60p**?	p
24	double **7**?	
25	one-third of **12**?	
26	a quarter of **20**?	
27	three-quarters of **20**?	
28	**30** shared between **5**?	
29	a quarter of **12**?	
30	A quarter of a number is **4**. What is the number?	

Check-up 4
Measurement, Geometry and Statistics

A   ANSWER

1   Sort these names into the table.

Samir	Lexi	Sam
Eve	Jacob	Isha
Ethan	Delip	Luke
Mia	Tom	Molly

Names with **3** letters	Names with **4** letters	Names with **5** letters

2   Which set of names has most in the table?

3   Estimate which is the longest.   ☐

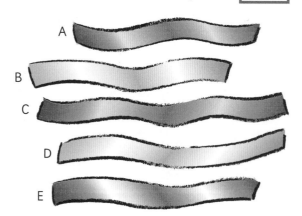

4   What length does the arrow show?   ☐ cm

20cm   25cm

5   Draw hands to show quarter to **4**.

6   Draw hands to show twenty past **12**.

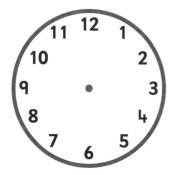

7   Join the **2-D** shapes to their names.

Square   Circle   Rectangle

Triangle   Pentagon

8   Join the **3-D** shapes to their names.

Cube   Cuboid   Sphere

Cone   Pyramid

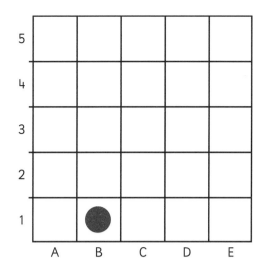

9 Draw a triangle at **C3**.

10 Where is the circle?

1 Write in each column the names of three people you know.

Names with **3** letters	Names with **4** letters	Names with **5** letters

2 Tick the side of the balance that is heavier.

Put an arrow at

3   **37cm**.

4   **32cm**.

30cm   40cm

What time does the clock show?

5
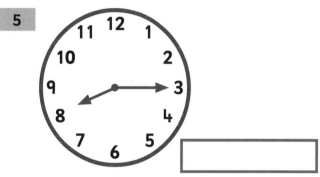

6
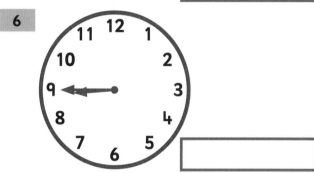

Write the name of a shape with

7   five sides.

8   six faces that are all the same size.

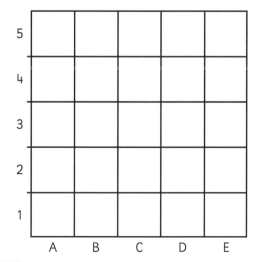

9 Put a circle in the square **B1**.

10 Put a triangle in the square **A5**.

Plain crisps	Salt and vinegar crisps	Cheese and onion crisps	Prawn cocktail crisps
Max	Jay	Adam	Delip
Zoe	Jamie	Heidi	Anna
Amy	Lucy	Ollie	Sofia
	Kian	Hannah	Rose
	Ravi	Theo	
	Archie		

How many

1 children like plain crisps best?

2 more children like salt and vinegar crisps than prawn cocktail crisps?

3 Write a title for the table.

What is

4 half of **10m**?   m

5 half of **6l**?   l

6 Put an arrow where **47cm** is.

40cm   50cm

7 If you leave home at **5** o'clock and your journey ends at **9** o'clock, how long is your journey?

Draw a

8 pentagon.

9 triangle.

10 Put a circle in the square **A6**.

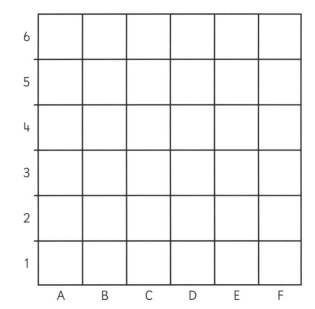

Just Facts

0 + 0 = ☐	0 + 1 = ☐	0 + 2 = ☐	0 + 3 = ☐
1 + 0 = ☐	1 + 1 = ☐	1 + 2 = ☐	1 + 3 = ☐
2 + 0 = ☐	2 + 1 = ☐	2 + 2 = ☐	2 + 3 = ☐
3 + 0 = ☐	3 + 1 = ☐	3 + 2 = ☐	3 + 3 = ☐
4 + 0 = ☐	4 + 1 = ☐	4 + 2 = ☐	4 + 3 = ☐
5 + 0 = ☐	5 + 1 = ☐	5 + 2 = ☐	5 + 3 = ☐
6 + 0 = ☐	6 + 1 = ☐	6 + 2 = ☐	6 + 3 = ☐
7 + 0 = ☐	7 + 1 = ☐	7 + 2 = ☐	7 + 3 = ☐
8 + 0 = ☐	8 + 1 = ☐	8 + 2 = ☐	
9 + 0 = ☐	9 + 1 = ☐		
10 + 0 = ☐			

0 + 4 = ☐	0 + 5 = ☐	0 + 6 = ☐	0 + 7 = ☐
1 + 4 = ☐	1 + 5 = ☐	1 + 6 = ☐	1 + 7 = ☐
2 + 4 = ☐	2 + 5 = ☐	2 + 6 = ☐	2 + 7 = ☐
3 + 4 = ☐	3 + 5 = ☐	3 + 6 = ☐	3 + 7 = ☐
4 + 4 = ☐	4 + 5 = ☐	4 + 6 = ☐	
5 + 4 = ☐	5 + 5 = ☐		
6 + 4 = ☐			

0 + 8 = ☐	0 + 9 = ☐	0 + 10 = ☐
1 + 8 = ☐	1 + 9 = ☐	
2 + 8 = ☐		

Just Facts

1 – 0 = ☐	1 – 1 = ☐	2 – 2 = ☐	3 – 3 = ☐
2 – 0 = ☐	2 – 1 = ☐	3 – 2 = ☐	4 – 3 = ☐
3 – 0 = ☐	3 – 1 = ☐	4 – 2 = ☐	5 – 3 = ☐
4 – 0 = ☐	4 – 1 = ☐	5 – 2 = ☐	6 – 3 = ☐
5 – 0 = ☐	5 – 1 = ☐	6 – 2 = ☐	7 – 3 = ☐
6 – 0 = ☐	6 – 1 = ☐	7 – 2 = ☐	8 – 3 = ☐
7 – 0 = ☐	7 – 1 = ☐	8 – 2 = ☐	9 – 3 = ☐
8 – 0 = ☐	8 – 1 = ☐	9 – 2 = ☐	10 – 3 = ☐
9 – 0 = ☐	9 – 1 = ☐	10 – 2 = ☐	
10 – 0 = ☐	10 – 1 = ☐		

4 – 4 = ☐	5 – 5 = ☐	6 – 6 = ☐	7 – 7 = ☐
5 – 4 = ☐	6 – 5 = ☐	7 – 6 = ☐	8 – 7 = ☐
6 – 4 = ☐	7 – 5 = ☐	8 – 6 = ☐	9 – 7 = ☐
7 – 4 = ☐	8 – 5 = ☐	9 – 6 = ☐	10 – 7 = ☐
8 – 4 = ☐	9 – 5 = ☐	10 – 6 = ☐	
9 – 4 = ☐	10 – 5 = ☐		
10 – 4 = ☐			

8 – 8 = ☐	9 – 9 = ☐	10 – 10 = ☐
9 – 8 = ☐	10 – 9 = ☐	
10 – 8 = ☐		

Just Facts

1 + 1	=	☐	2 − 1	=	☐	½ of 2	=	☐
2 + 2	=	☐	4 − 2	=	☐	½ of 4	=	☐
3 + 3	=	☐	6 − 3	=	☐	½ of 6	=	☐
4 + 4	=	☐	8 − 4	=	☐	½ of 8	=	☐
5 + 5	=	☐	10 − 5	=	☐	½ of 10	=	☐
6 + 6	=	☐	12 − 6	=	☐	½ of 12	=	☐
7 + 7	=	☐	14 − 7	=	☐	½ of 14	=	☐
8 + 8	=	☐	16 − 8	=	☐	½ of 16	=	☐
9 + 9	=	☐	18 − 9	=	☐	½ of 18	=	☐
10 + 10	=	☐	20 − 10	=	☐	½ of 20	=	☐

Just Facts

Multiplication facts for 2s

1 × 2 = ☐

2 × 2 = ☐

3 × 2 = ☐

4 × 2 = ☐

5 × 2 = ☐

6 × 2 = ☐

7 × 2 = ☐

8 × 2 = ☐

9 × 2 = ☐

10 × 2 = ☐

11 × 2 = ☐

12 × 2 = ☐

Multiplication facts for 5s

1 × 5 = ☐

2 × 5 = ☐

3 × 5 = ☐

4 × 5 = ☐

5 × 5 = ☐

6 × 5 = ☐

7 × 5 = ☐

8 × 5 = ☐

9 × 5 = ☐

10 × 5 = ☐

11 × 5 = ☐

12 × 5 = ☐

Multiplication facts for 10s

1 × 10 = ☐

2 × 10 = ☐

3 × 10 = ☐

4 × 10 = ☐

5 × 10 = ☐

6 × 10 = ☐

7 × 10 = ☐

8 × 10 = ☐

9 × 10 = ☐

10 × 10 = ☐

11 × 10 = ☐

12 × 10 = ☐